這本書的小主人 _____

停電驚魂記

編者的話

美國太空總署（**NASA**）著名科學家凱薩琳‧強森（**Katherine Johnson**）曾說：「多做研究，多問問題，發掘熱忱並放手去做。永遠保持好奇！」在這個科技日新月異的時代，要培養孩子適應快速變動的環境，成為不斷自我充實的學習者，最新的教育素養——**STEAM** 教育（科學、技術、工程、藝術、數學）應運而生。

STEAM 教育除了鼓勵跨領域學習外，更重視引導孩子建立邏輯思維，鍛鍊出運用所學、所知於日常生活的能力。而在這個時代，資訊科技便是孩子觀察世界、思索疑問的好工具。因此，本系列產品從生活化的故事場景展開，旨在陪伴孩子探索身旁的多元資訊，進而學習透過自身的觀察，對目標提出合理假設，最終運用電腦編程來驗證假設、實踐目標。

在〈停電驚魂記〉中，黑暗、未知的早晨原本讓小波不知所措，但在爸爸的陪伴下，他逐漸從探索光源、晝夜變化的過程中，學會以嶄新的角度審視環境中的光影之美，進而能透過燈光與電腦編程，將學習知識的喜悅分享給妹妹莉莉。透過閱讀和實作，陪伴孩子克服對陌生情境的畏怯，澆灌主動求知、求解的自信和勇氣，即是我們編撰的目標。

【**AI** 科學玩創意】運用可愛、有趣的元素，展現深入淺出的生活科學原理；以嚴謹但不嚴肅的基調，引導孩子在日常生活中建構條理分明的電腦邏輯思維，讓小讀者們在舒適的閱讀過程中汲取新知、親手編程，厚植邁向 **AI** 新時代的關鍵「資訊力」。

特色

故事為中心，讓知識融入生活

以小波一家人的登場為開頭，藉由孩子天真發問的口吻，點出生活現象背後隱含的知識與原理。在引導小讀者進行邏輯思考的同時，更能和自身生活環境結合，增加自主學習的熱情，培養見微知著的觀察力。

循序漸進的說明方式，包羅萬象的內容呈現

書中透過小波和莉莉對生活環境的觀察，進一步延伸到文化與科技上的應用、思考，讓小讀者能從熟悉的生活經驗出發，在閱讀過程中一步步拓展、發掘未知的學習領域，領略知識與科技的美好。

跨領域多元學習，培養多重能力

本產品以國際風行的「**STEAM**」教育為核心，內容結合自然科學、資訊科學、數學、藝術、語言、文化、道德等多元素養，幫助孩子建立跨領域思維，訓練邏輯思考、閱讀及理解能力。

目錄

人物介紹

媽媽

學校教師，年齡約 40 左右，
個性細心、平易近人。

爸爸

學校教師，年齡約 40 左右，
個性溫文爾雅、有耐心。

派奇

很聰明的機器人，
可以和人類對話。

小波

7 歲的小男孩，
喜歡科學、充滿好奇心。

莉莉

4 歲的小女孩，
活潑可愛。

停電驚魂記

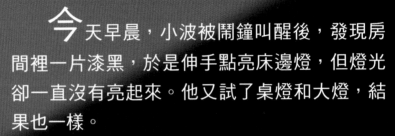

今天早晨，小波被鬧鐘叫醒後，發現房間裡一片漆黑，於是伸手點亮床邊燈，但燈光卻一直沒有亮起來。他又試了桌燈和大燈，結果也一樣。

「難道電燈都壞掉了嗎？」小波正感到疑惑，房裡忽然閃過一道白光，接著便響起轟隆隆的雷聲。他拉開窗簾一看，這才注意到到窗外正下著傾盆大雨，烏雲密布，完全看不見太陽，不禁開始害怕起來。

這時，爸爸打開房門走了進來，說：「小波，早安！現在停電了，我拿了一個手電筒來給你。」

科學放大鏡　常見的光源有哪些？

在日常生活中，一切能夠發光的物體，都可以稱作「光源」。我們把這些常見的光源分為「自然光」、「人造光」和「生物發光」三大類。

自然光

自然光的代表是太陽光。**46** 億年前，太陽誕生了。太陽是一顆會自行發光發熱的恆星，它和其他圍繞著太陽旋轉的天體（像是行星、衛星、彗星等等）組成了太陽系。

我們所居住的地球，是距離太陽第三遠的行星。當太陽的光穿過宇宙到達地球後，我們才能看清楚這個美麗的世界。

陽光不只能照明，還可以讓植物行光合作用，是地球上動、植物的能量來源。常常出門曬曬太陽，可以讓身體更健康喔！

發光的蕈菇 ▶

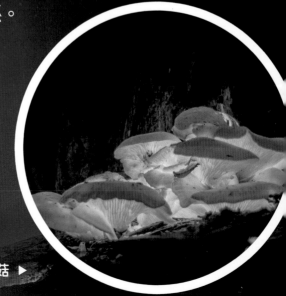

人造光

相對於原本就存在於自然環境中的光源，「人造光」指的是隨著人類的文明、科學技術發展，而逐漸被製造出來的光源，例如：火把、蠟燭、電燈等。

生物發光

有些生物可以透過體內的化學反應來發出光芒，例如螢火蟲、某些品種的水母或魷魚、夜光藻，或是部分藻類等等。

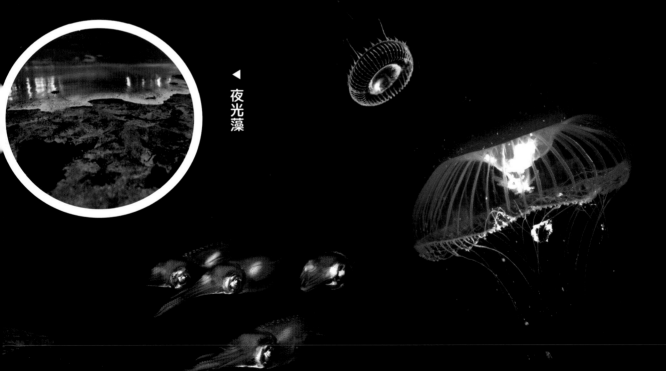

◄ 夜光藻

◄ 發光的水母

◄ 發光的魷魚

9

小波看到爸爸，趕緊跑到他身邊，抱著他問：「太陽跑到哪裡去了呢？為什麼沒有太陽的時候，房間裡會這麼暗呢？」

　　爸爸拍拍小波的頭安慰他：「因為太陽是地球重要的光源啊！現在雖然是白天，但外頭正在下大雨，太陽被烏雲擋住了，天色就像夜晚一樣黑了。」

　　「那到了晚上，太陽又在哪裡呢？」小波又問。

　　爸爸回答：「太陽還在呀！只是我們隨著地球自轉，暫時移動到太陽照不到的地方了。」

科學放大鏡 為什麼會有 白天和黑夜

在印度是白天

　　白天和黑夜是每天都會輪流出現的自然現象，夏天的時候，白天的時間長一點；冬天的時候，則是黑夜的時間長一點。小朋友，你有沒有想過為什麼有白天和黑夜呢？

地球自轉怎麼轉？

　　平常，當我們站在地面上時，雖然地面看似靜止不動，但地球其實正在不斷由西向東自轉。

　　地球自轉的過程中，位在面向太陽那一側的人，看到的就是白天；而在背對太陽那一側的人，看到的就是黑夜。地球自轉一圈就是「一天」，過程大約需要 24 小時。

從北極上空看地球自轉　北極點逆時針

從南極上空看地球自轉　南極點順時針

在美國
是夜晚

北半球

南半球

地球公轉怎麼轉？

　　除了自轉，地球也同時在繞著太陽「公轉」。地球繞太陽公轉的軌道是一個橢圓形，大約每 365 天又 6 小時會公轉一圈，也就是「一年」。

　　由於地球自轉的軸心（地軸）傾斜 23.5 度，因此陽光照射各地的角度，會隨著地球在公轉軌道上運轉而發生改變，形成季節變化，以及夏季「晝長夜短」，冬季「晝短夜長」的現象。

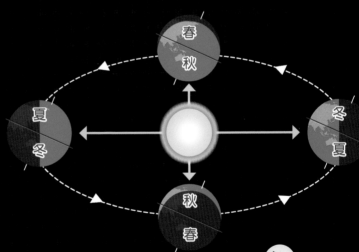

春秋

夏冬

冬夏

秋春

北半球夏天晝長夜短 ▶

　　緯度越高的地區，晝夜長短隨季節變化的現象越明顯。在南、北極圈內的地區，甚至會發生「永晝」、「永夜」的情形——太陽一整天都沒有落下，或一整天都沒有升起。

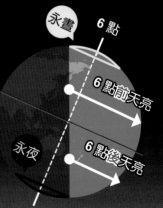

永晝　6 點

6 點前天亮

永夜　6 點後天亮

13

「原來是這樣！」小波說：「所以，當我們這裡是白天時，住在地球另一面的人，就是照不到太陽光的夜晚。」

爸爸點點頭：「沒錯，太陽每天『東升西落』，其實是地球在『由西往東』自轉呢！」

這時，小波突然想起怕黑的莉莉，擔心地問：「爸爸，莉莉的房間是不是也停電了呢？」

爸爸說：「是呀！我們家整棟房子都停電了。別擔心，媽媽正在陪莉莉，她沒事的。」

「晚上沒有太陽光，莉莉要開小夜燈才敢睡覺呢！」小波鬆了口氣後，又接著問：「除了夜晚，還有太陽被厚厚的雲層擋住之外，我們是不是一直都能看見太陽光呢？」

爸爸想了想，補充說：「不是的，還有日食的時候，太陽光也會被月亮的影子擋住喔！」

小波驚訝地說：「月亮也有影子啊？」

日食與月食

天上的太陽、月亮，除了被烏雲擋住時，還有一種天文現象，也會影響我們看到陽光和月光，那就是「日食」和「月食」。

什麼是「食」？

食（eclipse）是一種天文現象，又稱為「蝕」，指的是在天體運行的過程中，因為暫時被另一個天體（或它的影子）擋住，造成觀測者看見天體全部或部分被遮蔽的狀態。

認識日食

當月球繞地球公轉，剛好運行到太陽與地球之間，使太陽被月球的影子擋住時，就會形成日食（solar eclipse）。

日食可以分成日全食、日偏食和日環食，視月球遮擋太陽的程度，以及觀測者所在地區而定。

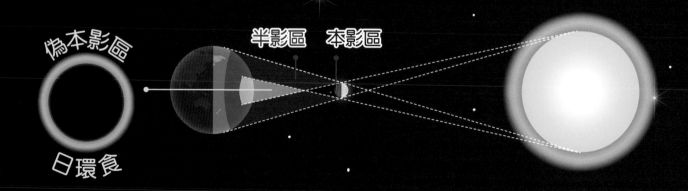

偽本影區

半影區　本影區

日環食

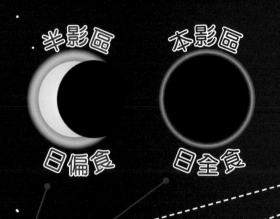

半影區　　本影區

日偏食　　日全食

日全食與日偏食

當月球離地球較近時，月球的本影可以抵達地球表面，這時，在本影區裡的人就能看到日全食，半影區裡的人則看到日偏食。

日環食

當月球離地球較遠時，月球的本影沒辦法抵達地球表面，地表上只有根據本影延伸出的「偽本影」。此時，在這個區域中的人，就能看到日環食。

認識月食

當月球繞地球公轉的時候，位置正巧經過地球的陰影，就會形成「月食」（lunar eclipse）。

月食分成月全食、月偏食和半影月食，和日食不同的是，由於地球的本影區比月球大，因此不會形成月環食。此外，月食的觀測範圍也比日食大，只要是地球上黑夜那一側的適當地點，就能夠觀測月食。

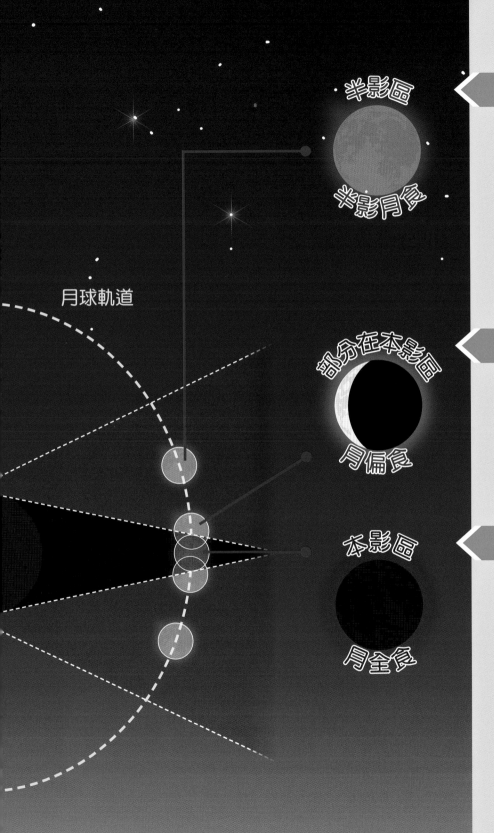

半影區

半影月食

月球軌道

部分在本影區

月偏食

本影區

月全食

半影月食

　　月球只經過地球的半影區，而未進入本影區所產生的月食，稱為半影月食。此時月光只會稍微減弱，難以用肉眼觀察，通常需要攝影器材的輔助才容易看出區別。

月偏食

　　月球只有部分進入地球本影區時，便會形成月偏食。此時月亮看起來就像被咬了一口，有部分消失在黑暗中。

月全食

　　月球完全進入地球本影區時，便會形成月全食。全食的月亮不會消失在黑暗中，而是會變成深紅色，因此又被稱為「血月」。這是因為陽光經過地球大氣層，只剩紅光可折射通過照在月球上的緣故。

「原來日食是月球的影子造
成的！我也好想看看日食喔！」小波嚮往地說。

爸爸做出小鳥的手勢，說：「雖然現在沒有日食可以看，不過
我們可以玩影子遊戲啊！」

「好呀！看我的兔子跳呀跳！」小波正做出兔子手勢，突然「劈
啪」一聲，房間內外的燈都亮了起來。

隔壁房間隨即傳來莉莉開心的喊聲：「燈亮了！」小波聽了，
也忍不住呵呵笑起來。爸爸則關閉手電筒，對小波說：「既然電力
已經恢復了，我們就先去洗洗臉，準備吃早餐吧！」

影子玩遊戲

鳥

螃蟹

狗

兔子

大象

當光線遇到無法穿透的物體時，就會在它的背後形成黑色的影子。我們可以準備適當的光源和場地（例如：在黑暗的房間裡，用手電筒照射平滑的牆壁），運用光影原理，做出各式各樣的手勢，讓影子彷彿畫筆一樣，變化出各種有趣的形狀，搭配音樂或故事，表演一場有趣的「手影戲」。

試試看，你能做出這些影子動物嗎？

21

等到一家人在餐桌上享用早餐時，雨已經在不知不覺間停了，天空也開始透出絲絲亮光。

　　「我不喜歡下雨，剛剛的雷聲好可怕喔！」莉莉心有餘悸地說。

　　小波說：「不過，閃電會把天上的雲和房間裡照得很亮，很神奇喔！」

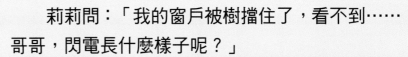

莉莉問：「我的窗戶被樹擋住了，看不到⋯⋯
哥哥，閃電長什麼樣子呢？」

小波提議：「我們可以把我的房間做出來，
再請派奇教我們用燈光做出窗外的閃電效果，這
樣你就知道啦！」

派奇說：「當然好！等你們吃完早餐，還有
等我充電完成之後，我們就開始吧！」

趣味實作 點點燈

電子教具明細

AAA 電池 x4
（需自備）

小拍
（需自備）

電池盒

單顆 LED 燈 x2
雙顆 LED 燈 x2

連接線　5cm x1
連接線 20cm x3

手作教具明細

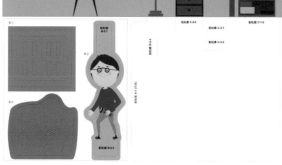

A - 1　布景卡

B - 1　窗戶

B - 2　爸爸

B - 3　棉被

電子教具安裝步驟

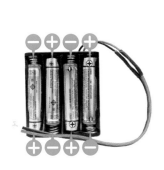

將 **4** 顆電池按照正、負極，放進電池盒裡。

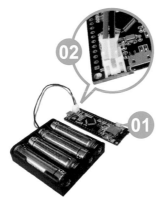

依照插頭方向，將電池盒上的電線接到小拍的 **02** 槽。

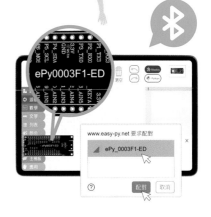

開啟電腦藍牙，並搜尋和小拍符合的號碼，確認電腦和小拍是否成功連線。

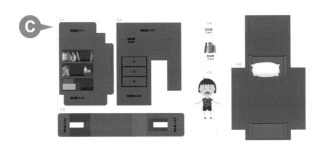

C - 1 書櫃

C - 2 書桌

C - 3 椅子

C - 4 書

C - 5 小波

C - 6 小波的床

D - 收藏夾

E - 魔鬼氈

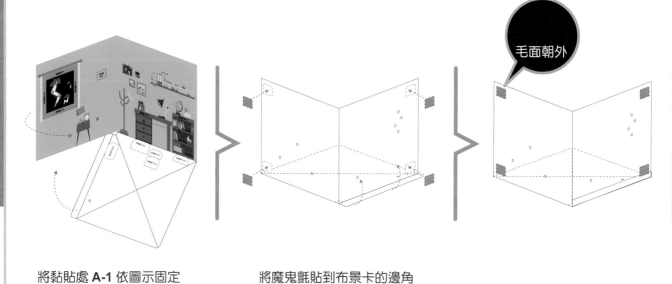

將黏貼處 **A-1** 依圖示固定　　將魔鬼氈貼到布景卡的邊角

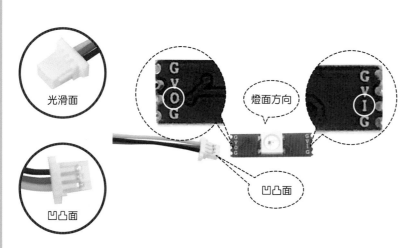

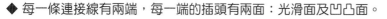

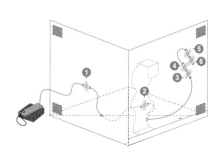

◆ 每一條連接線有兩端,每一端的插頭有兩面:光滑面及凹凸面。

◆ 凹凸面及燈面方向須朝同一側。

◆ 連接 LED 燈時,連接線從 I 端(**Input** 輸入)接入,由 O 端
(**Output** 輸出)接出,再接入下一個 LED 燈的 I 端,以此類推。

◆ 連接小拍 01 槽的連接線,須接入 LED 燈的 I 端。

將連接好的 ❶～❻ LED 燈,
依照順序放進孔洞中,並用
紙膠帶固定。

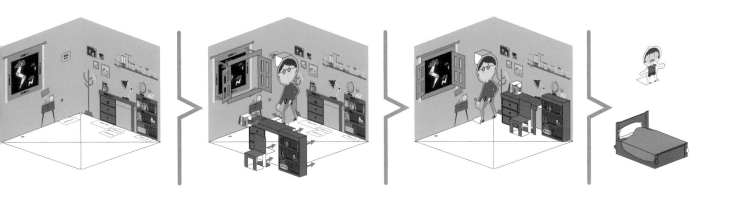

將黏貼處依圖示固定　　　　　完成　　　　組裝 **B-3**、**C-5**、**C-6**

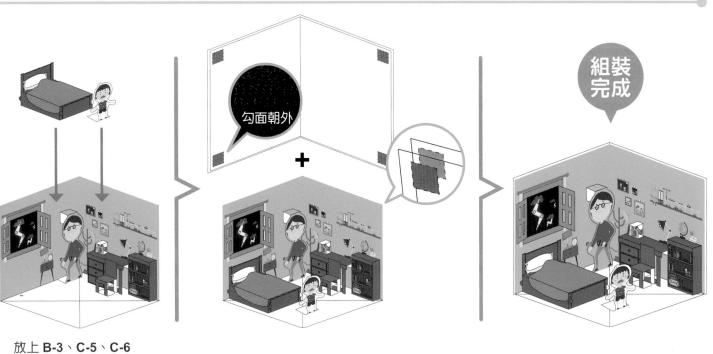

放上 **B-3**、**C-5**、**C-6**

完成了！哥哥你看！我是哥哥，今天早上房間好黑，所以我先打開床頭燈，接著拉開窗簾，再打開房間大燈……

不對啦，莉莉！你應該說：「我是小波」才對。而且，我想先開床頭燈，接著開大燈，等把睡衣換完，最後才拉開窗簾喔！

我覺得先開窗簾比較好！接著開大燈，然後再把窗簾拉起來換衣服，最後再把窗簾打開一次……

這樣窗簾要開兩次，不是很麻煩嗎？

可是沒有先開窗簾，房間裡好黑，我不敢走到門口開大燈啊！

演算法與電腦的思考方式

　　日常生活中，我們有許多事情要做，不管是吃飯、做家事、寫作業還是玩遊戲……都算是一種「任務」。而當我們開始思考該怎麼完成任務，並將過程分解成一個個步驟時，就是在構思針對這個任務的「演算法」。

　　舉例來說，如果要做一杯酪梨牛奶來喝，演算法可能會是這樣：

清洗酪梨 〉 挖出果肉切塊 〉 放進果汁機 〉 攪打均勻 〉 裝進杯中，完成！

　　把演算法輸入電腦之後，就能讓電腦依照我們的構想來執行任務。不過，電腦的思考方式和人類並不相同。比方說「清洗酪梨」，我們可能覺得「洗乾淨就好」，但如果將這樣的演算法交給電腦執行，就可能產生這樣的問題：

從哪裡開始洗？

要用多少毫升的水洗？

用水洗嗎？

要怎麼判斷酪梨洗好了？

要重複洗幾次？

需要洗碗精嗎？

主機板「小拍」與PyCode

　　就像大腦是人體的控制中心一樣，主機板負責控制整部電腦的運作，是電腦最重要的核心元件之一。

　　派奇的內部也有一個主機板──「小拍」，除了指揮派奇的行動之外，小拍也可以控制外接的 **LED** 燈。只要我們使用「**PyCode**」和小拍溝通，就能透過它來實驗各式各樣的演算法，點亮房間的燈光了！

PyCode

　　PyCode 是一種圖像化的「程式語言」（用來和電腦溝通的指令），看起來像色彩繽紛的拼圖。只要依照規則拼接不同的方塊，就能讓小拍實現你想完成的效果。

　　雖然電腦看起來像是會思考，實際上每個步驟都是依照具體、明確的規則在運作，而不像人類會因為生活經驗、習慣或常識等原因，不自覺地在思考過程中省略了一些細節。

　　因此，如果演算法不夠精確，就很難讓電腦完成我們想要的結果。

現在我們了解什麼是「演算法」了！不過派奇，我們要怎麼用演算法，點亮房間模型裡的燈呢？

一起來 PyCode！

PyCode 是基於 Google 開發的 Blockly 為孩子量身打造的程式編寫工具，也是孩子學習 Python 的啟蒙基礎，讓孩子透過方塊指令，輕鬆和電腦開啟對話。

PyCode

功能　執行　檔案夾　儲存

語言　主機板

延伸功能
語　言：
選擇介面呈現的語言
主機板：
選擇目前要使用的主機板

編輯區

邏輯
迴圈
數學
文字
列表
顏色
變數
函數
主機板
應用

功能模組

程式完成後，使用者必須按下這個按鈕才會開始運作
開啟先前儲存的檔案
儲存檔案
一次清除所有在編輯區的程式

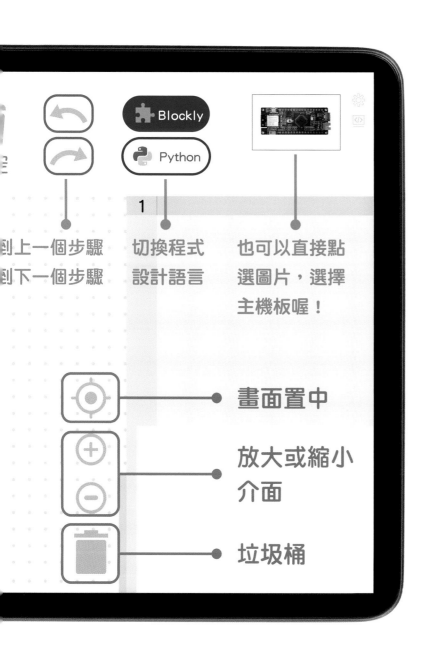

Blockly

Python

1

到上一個步驟   切換程式   也可以直接點
到下一個步驟   設計語言   選圖片，選擇
                                   主機板喔！

畫面置中

放大或縮小
介面

垃圾桶

嗨！現在我和哥哥已經開啟了 **PyCode** 程式，準備學習怎麼使用指令，把想好的演算法告訴小拍囉！快和我們一起來看看這裡面有哪些功能吧！

認識 PyCode 指令

彩色燈、等待、迴圈

小拍能夠外接最多 **64** 個 **LED** 彩色燈，為了做出小波想要的閃電效果，我們必須先學會如何運用 **PyCode** 程式來開啟、關閉這些燈。

要怎麼開燈？

請先點選  主機板 ，接著點選 ☀️ LED燈 ，所有和燈光有關的指令都在這個分類當中。

首先，從列表中找出這個方塊，並將它拉到編輯區中。

設定好彩色燈的燈號和顏色之後，接下來就是要決定「開啟」或是「關閉」這個燈。從列表中找到這兩個方塊後，選擇其一拉到編輯區，接到彩色燈右邊的方框中。

完成後，就按下上方工具列中的「執行」測試看看效果吧！

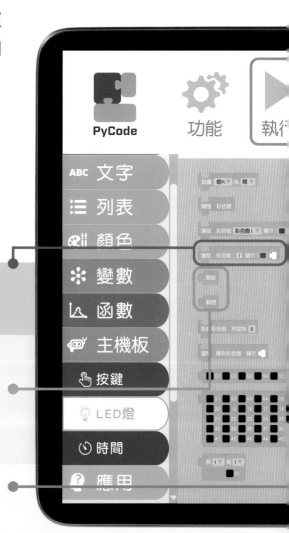

彩色燈的編號順序從 1 開始，越接近小拍的彩色燈號，數值越小喔！

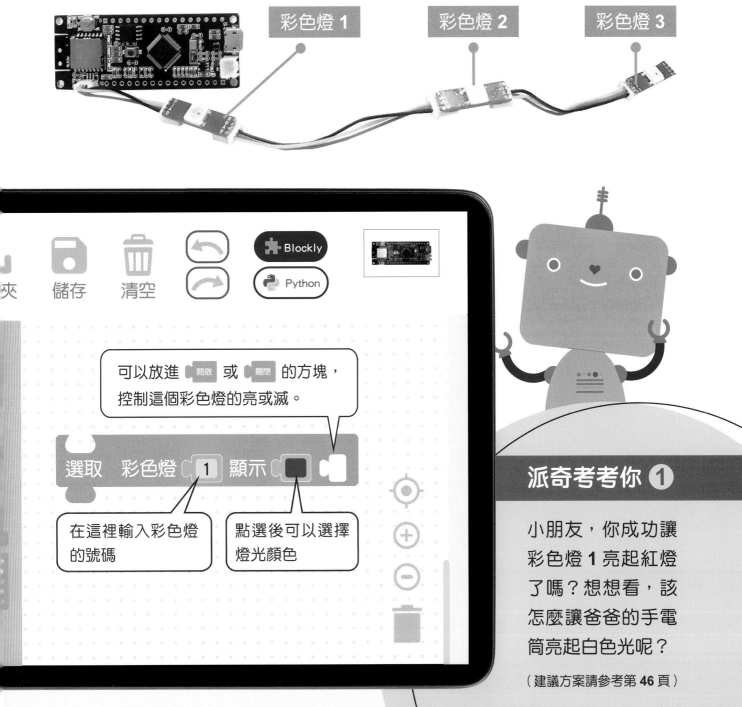

彩色燈 1

彩色燈 2

彩色燈 3

Blockly

Python

夾　儲存　清空

可以放進 開啟 或 關閉 的方塊，
控制這個彩色燈的亮或滅。

選取　彩色燈 1 顯示

在這裡輸入彩色燈
的號碼

點選後可以選擇
燈光顏色

派奇考考你 1

小朋友，你成功讓
彩色燈 1 亮起紅燈
了嗎？想想看，該
怎麼讓爸爸的手電
筒亮起白色光呢？

（建議方案請參考第 46 頁）

一起開，一起關！

當我們想要一次開、關多個彩色燈時，就要把彩色燈方塊像拼圖一樣往下連接。舉例來說，如果想要一次控制 1 ～ 3 號彩色燈：

同時開啟

同時關閉

小拍等一等！

派奇，我想要「先開燈，再關燈」，所以將開燈的方塊放在上面，關燈的方塊放在下面。為什麼燈沒有亮呢？

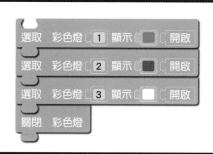

因為小拍動作很快，它「開啟」LED 燈之後就會立刻「關閉」，因此燈光彷彿只「閃了一下」或「看起來沒亮」。因此，我們需要使用 ⏱ 時間 中的「等待」方塊，讓它在亮燈之後，先「等一下」再關燈。

如果想要一次關閉所有亮著的彩色燈，也可以使用這個方塊： 關閉 彩色燈

　　小拍是依照「由上往下」的順序來執行 **PyCode** 指令，所以上面的方塊（彩色燈 1）其實比下面的方塊（彩色燈 2）更早亮起或關閉。但是小拍的動作非常快速，所以看起來就是 3 個燈同時做出反應囉！

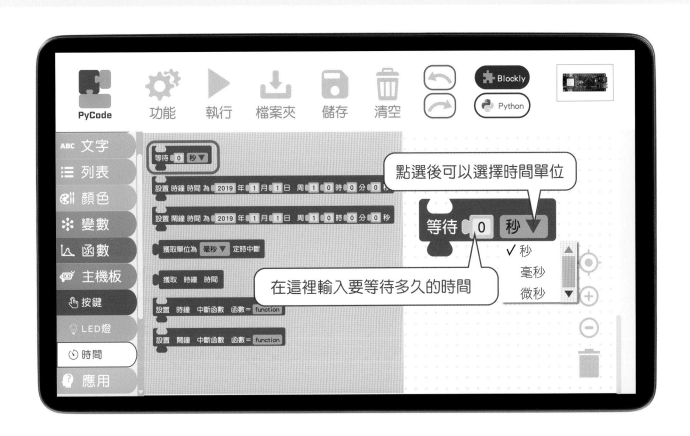

亮燈後，等 3 秒關燈

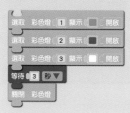

亮燈後，等 1 秒關燈

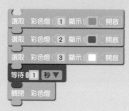

亮燈後，等 0.1 秒關燈

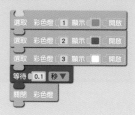

縮短 PyCode 的絕招

要解決小波的問題，就需要迴圈功能。首先，點選左側列表中的 🔄 迴圈：

等待時間的長短不同，燈光看起來的效果也不一樣。小朋友，你最喜歡哪一種燈光效果呢？

我喜歡等短一點的時間，燈光快速閃爍的感覺就好像閃電一樣！不過，我只是想要讓燈光閃爍 **2** 次，**PyCode** 就變得好長喔……

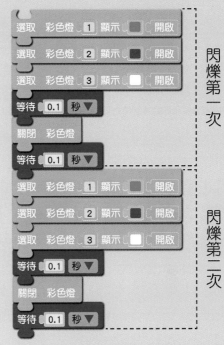

使用迴圈後，不管想要重複多少次，**PyCode** 都不會再變長，只要改變數字就可以了！

真方便！

組合運用：閃電出招！

現在小波已經學會開燈、關燈、等待和迴圈了，他想用這些指令做出閃電效果給莉莉看。他仔細回想閃電劃過天空時的情形，並將過程整理成圖表：

要亮的部分	不亮的部分	要開的燈	關掉剛開的燈
A	B、C、D	5	X
B	A、C、D	6	5
C	A、B、D	4	6
D	A、B、C	3	4
X	A、B、C、D	X	3

亮燈順序

上端先亮 ➡ 再到下端

一次只亮一個部分，其他地方是暗的。

派奇考考你 2

只要讓每個燈輪流亮起來，就能做出一道閃電從上方跑到下方的效果了！那麼，該怎麼讓一道閃電的光芒「由下往上」跑呢？

（建議方案請參考第 46 頁）

完成了！莉莉快看，我今天早上看到的閃電就像這樣喔！

好厲害喔！

重複 10 次
執行
選取 彩色燈 5 顯示 開啟
等待 0.1 秒
選取 彩色燈 5 顯示 關閉
選取 彩色燈 6 顯示 開啟
等待 0.1 秒
選取 彩色燈 6 顯示 關閉
選取 彩色燈 4 顯示 開啟
等待 0.1 秒
選取 彩色燈 4 顯示 關閉
選取 彩色燈 3 顯示 開啟
等待 0.1 秒
選取 彩色燈 3 顯示 關閉

小波的學習歷程

確認任務目標
重現閃電給莉莉看

達成目標的方式
建立房間場景並構思燈光亮法

進行實驗
測試燈光亮法並改良

完成
任務完成，可以開始新任務囉！

① ② ③ ④

只要我們確定了想要完成的「任務目標」，就可以開始思考完成任務的演算法。學會使用 PyCode 後，我們就能在小拍的幫助下，快速進行多次實驗，並不斷修正、改良，最終找出最適合的演算法囉！

冒險故事大賽

小波和莉莉決定進行說故事比賽，除了要講一個爸爸在停電大雷雨中進行「暗黑冒險」的故事，更要搭配燈光來烘托氣氛！

小朋友，快來看看他們如何構思屬於自己的故事，並且試著創造出專屬於你的燈光秀吧！

莉莉說故事　　桌燈幽靈

當爸爸的手電筒照到桌燈時，正在燈裡睡覺的幽靈被吵醒了！它很生氣，於是變成紅色光，還使用法力讓綠色閃電閃爍 3 次來嚇人！

1 確認任務目標　　莉莉想讓燈光怎麼亮？

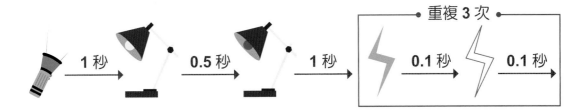

重複 3 次

1 秒 → 0.5 秒 → 1 秒 → 0.1 秒 → 0.1 秒

2 達成目標的方式　　想一想，如何用 PyCode 達成目標？

- **要讓爸爸的手電筒發出白色光，莉莉可以怎麼做？**

  先確定手電筒的 LED 燈號數值 2。用彩色燈方塊設定 2 號燈：顏色選擇白色，接上「開啟」方塊。∙∙∙∙∙∙∙∙∙∙∙

- **要做出綠色閃電閃爍的效果，莉莉需要用到哪些指令？**

  先思考如何做出一次閃爍效果：只要燈光連續「開 1 次＋關 1 次」，亮、暗快速交替，看起來就像在閃爍。確定代表閃電的 4 個彩色燈燈號後，用彩色燈方塊分別設定這幾個燈：顏色選擇綠色，接上「開啟」方塊。∙∙∙∙∙∙

  再用同樣的方式，設定讓 4 個燈「關閉」。或使用「關閉彩色燈」方塊，一次關閉全部亮著的彩色燈。∙∙∙∙∙∙∙∙∙∙

  接著，用等待方塊分別設定開啟、關閉的時間長度。∙∙∙∙∙∙∙∙∙

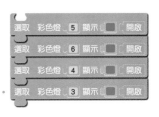

- **想要讓閃電效果重複 3 次，莉莉可以怎麼做？**

  使用迴圈方塊，設定重複次數 3 次，並將要重複的部分接在右側。∙∙∙∙∙∙∙∙∙∙∙∙∙∙∙∙∙∙∙∙∙∙∙∙∙∙∙∙∙∙∙∙∙∙∙∙

3 進行實驗　　按下 ▶ 執行，確認燈光效果。　建議方案請參考第 47 頁

小波說故事

召喚彩色閃電！

原本手電筒是白色光，當爸爸把手電筒調成紅色後，就召喚出了 5 道從天而降的彩色閃電！之後，電力恢復了，桌燈也亮了起來，就能關閉手電筒囉！

1 確認任務目標　小波想讓燈光怎麼亮？

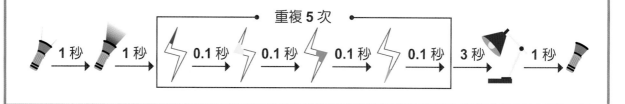

3 進行實驗　按下 ▶ 執行，確認燈光效果。　建議方案請參考第 47 頁

4 修正改良

開始實驗後，有時候一次就能成功，有時候也會遇到困難，或是不滿意做出來的效果，這些都很常發生！只要不氣餒，找出問題加以修正，你的演算法就會越變越好，最終能夠達成任務喔！

2 達成目標的方式

想一想，如何用 **PyCode** 達成目標？

- **要讓爸爸的手電筒在發出白色光之後，接著變成紅色光，小波可以怎麼做？**

  先確定手電筒的 LED 燈號數值 2。用彩色燈方塊設定 2
  號燈：顏色選擇白色，接上「開啟」方塊。 ⋯⋯⋯⋯⋯⋯⋯

  接著，用等待方塊設定燈光要在多久之後改變顏色，並將
  它接在彩色燈方塊的下方。⋯⋯⋯⋯⋯⋯⋯⋯⋯⋯⋯⋯⋯⋯

  完成後，用相同的方法做出另一個彩色燈方塊，將 2 號
  燈設定為紅色，並接在等待方塊下方即可。

- **要做出閃電「從天而降」的效果，並且在過程中改變不同顏色，小波可以怎麼做？**

  先將想要的效果分成更小的部分進行思考：

  - 讓代表閃電的 4 個彩色燈「輪流亮」，就能做出「從天而降」的效果。
  - 要改變不同顏色：4 個彩色燈要設定成不同的顏色。

  每個燈依照順序「開啟後關閉」，就能做出「輪流亮」的
  效果。首先，做出第 1 個燈的 PyCode 組合。⋯⋯⋯⋯⋯⋯

  接著，用同樣的方式完成剩下 3 個燈的組合，依照閃電
  的順序拼接起來，並且設定不同燈光顏色即可。

5 歷程分享

達成任務後，我們可以試著回想看看，過程中包含
哪些環節。例如：原本的預測、實驗後的結果、根
據結果進行的修正、再次測試⋯⋯把這些歷程整理
清楚後，試著用自己的方式說出來，分享給朋友、
家人聽聽看吧！

派奇解答時間！

小朋友，我在這本書裡總共問了 **2** 個小問題，你都想好答案了嗎？
現在，讓我來分享我的做法，看看我們的想法一不一樣吧！

只要知道手電筒是幾號燈，還有很多不同顏色、亮法可以改變喔！快點試試看吧！

1 手電筒的白色光

選取 彩色燈 2 顯示 □ 開啟

2 由下往上的神奇閃電

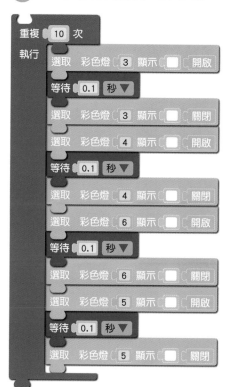

重複 10 次執行
選取 彩色燈 3 顯示 □ 開啟
等待 0.1 秒 ▼
選取 彩色燈 3 顯示 □ 關閉
選取 彩色燈 4 顯示 □ 開啟
等待 0.1 秒 ▼
選取 彩色燈 4 顯示 □ 關閉
選取 彩色燈 6 顯示 □ 開啟
等待 0.1 秒 ▼
選取 彩色燈 6 顯示 □ 關閉
選取 彩色燈 5 顯示 □ 開啟
等待 0.1 秒 ▼
選取 彩色燈 5 顯示 □ 關閉

你喜歡誰的故事呢？

莉莉說故事：桌燈幽靈

小波說故事：召喚彩色閃電！

盧俊良｜岳明國小自然老師、阿魯米玩科學版主

全民動手做　落實教育生活化

　　多年前和幾位科學老師討論教學方法的改變時，曾提到如何將科學教育中的認知、技能和資訊教育做結合。這幾年自造風的興起，**STEAM** 的方興未艾，讓這股教育生活化、全民動手做的風氣漸漸興盛，也獲得很多老師、家長和小朋友的注意。

　　但就像當年的「電與磁」，學校端與坊間補習班通常將科學教育與資訊教育分開，唯一的連結多止於利用電腦查詢科學相關網頁。因應 **12** 年國教與科技演進，科技生活物件運用程式語言操控於開放硬體及自由軟體理念下，案例愈來愈多元。

　　現今國中小推廣數位自造，新興科技體驗及硬體實作教學中，將圖控程式探討、程式語言機電整合，扎根於運算思維與程式教育中，更欣見【**AI** 科學玩創意】系列付梓。書中單元的鋪排以生活經驗為始，透過兒童對大自然現象的覺察、產生疑問為故事開端，以問答導入科學概念，文句淺顯易懂，豐富簡潔的圖像連結，讓科學的學習變得有趣又簡單。

　　除了可配合自然課教學外，**PyCode** 簡易的模塊控制，讓專題製作變得更容易，體現了 **STEAM** 教育的理念，就像是打通了任督二脈，讓科學教育的未來有了更多的可能性，不僅增添了科學的探究精神，也增廣了孩子學習的視野。

許兆芳（毛毛蟲老師） | 魅科坊科學原型工坊創辦人、科普專欄作家

體驗創作樂趣　培養獨立思考

STEAM 教育當道，相較於過去的教育理念，新世代更強調跨領域整合、實作探索，並和生活經驗連結。身為科普教育工作者，在進行科學實作專題時，常透過任務挑戰或生活情境問題誘導孩子學習興趣，並透過師生互動討論，激盪出各種解決問題的方法，而這樣的學習歷程通常需要由良好的現場互動來達成。

有幸受目川文化林總編輯邀約推薦而認識本書，非常喜歡編輯將科普知識與運算思維融入故事劇情，這就好比平常在教學中所設計的情境與任務挑戰，相信能夠激發孩子對於學習的樂趣。而書中的故事劇情與知識量的分配占比，對初次接觸【AI 科學玩創意】的讀者而言，亦無負擔。

本書的知識以光影與控制燈光特效為主。讀者可以跟著內文的影子遊戲進行體驗；而控制燈光特效部分更是我很推薦的架構，先透過基礎操作指引，用圖像化程式語言，讓讀者可以快速學習控制技巧，再串連故事劇情來設計舞臺燈光。內文中引導讀者思考任務目標，拆解如何撰寫程式，進行嘗試與修正，進而鼓勵孩子互相分享成果。本書所帶來的閱讀面向與學習體驗，不僅提供探究機會，更是教導孩子從如何探究，到培養獨立思考與解決問題的能力。

看到這兒，你還不心動嗎？趕快入手，一起體驗《停電驚魂記》的創作樂趣吧！

就是愛出色

北歐風低調木質電子訊息板　豪華 LED 燈變化陣容
厚重質感木盒打造典雅精品　科技與自然融合之美

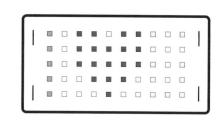

《生活調色盤》

小波到鄉下拜訪爺爺、奶奶，本
來想出門去玩，卻突然下起了
雨。他和莉莉會從雨後的彩虹發
現什麼神奇的現象呢？

* 光與顏色
* 折射與反射實驗
* 調色大師：伊登 12 色環
* 顯示技術發展史

直接
看見燈光
光源
反射
看見物品

《小小色彩藝術家》

爺爺帶小波和莉莉去參觀一座十分
獨特的美術館，裡頭不只有機器人
擔任導覽員，還有會分辨人類表情
的電腦。這是怎麼回事呢？

* 電腦視覺與辨識技術
* RFID 是什麼？
* 演算法
* 趣味編程

更多趣味主題即將上市，敬請期待！

我們都在
AI科學玩創意
等你一起玩 AI 喔！

產品購買資訊

目川文化官方購物網
https://www.kidsworld123.com

AI科學玩創意

電子材料開賣囉！

　　靈感來時擋不住，突破框架點亮屬於自己的創意作品！小拍最高可支援達 64 個外接 LED 彩色燈，除了實作模組中已有的電子教具，更能發揮創意，加購相關零件，實踐獨特組裝新方式。

連接線

5cm 連接線

15cm 連接線

20cm 連接線

LED 燈

主機板

單顆燈

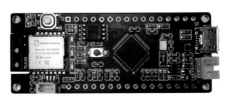

憑此折扣碼至
www.kidsworld123.com
購買主機板享有優惠價

折扣碼
AIS300

AI 科學玩創意

小小光線設計師——停電驚魂記

AI 科學系列：AISA0003

作　　者：王一雅、顏嘉成

繪　　者：張芸荃

責任編輯：王一雅

美術設計：涂敔俽

策　　劃：目川文化編輯小組

審　　稿：許兆芳

科技顧問：趙宏仁

程式審稿：吳奇峯

教學顧問：翁慧琦

出版發行：目川文化數位股份有限公司

總 經 理：陳世芳

總 編 輯：林筱恬

美術指導：巫武茂

發行業務：劉曉珍

法律顧問：元大法律事務所　黃俊雄律師

地　　址：桃園市中壢區文發路 365 號 13 樓

電　　話：(03) 287-1448

傳　　真：(03) 287-0486

電子信箱：service@kidsworld123.com

網路商店：www.kidsworld123.com

粉絲專頁：FB「悅讀森林的故事花園」

電子教具：汯鉅科技股份有限公司

印刷製版：長榮彩色印刷有限公司

總 經 銷：聯合發行股份有限公司

電　　話：(02) 2917-8022

出版日期：2022 年 1 月

I S B N：978-626-95460-1-5

書　　號：AISA0003

售　　價：450 元

小小光線設計師：停電驚魂記 / 王一雅, 顏嘉成作；張芸荃繪
. -- 桃園市：目川文化數位股份有限公司, 2022.01

52 面 ;22x23 公分 . -- (AI 科學玩創意) (AI 科學系列；
AISA0003)

ISBN 978-626-95460-1-5(平裝)

1.CST: 電腦教育 2.CST: 科學實驗 3.CST: 初等教育

523.38　　　　　　　　　　　　　　110021984